ISBN: 9798585942563

welcome

Dear Reader,

Greetings and a very warm welcome to Good Vibes. It may be true that I don't know you personally, but rest assured we already share a mutual value/belief/interest/connection which has brought us to this very moment in time. Whether you are just starting out on your journey to discover the power of gratitude or you have been practicing for years, what matters is that you've taken the decision to let yourself become open to the notion of how an attitude of gratitude could help enrich your life with positivity, abundance and happiness.

I have been practicing gratitude for several years now, coupled with meditation. Along my journey I've been influenced by spiritual teachers such as Gabrielle Bernstein, Eckhart Tolle and 'law of attraction' guru Bob Proctor. I believe that we all require a helping hand, a source of inspiration to help us take that all important step towards achieving and maintaining a life of abundance, gratitude and inner tranquillity. For me it is thanks to these three individuals who have graced my life with their wisdom and guidance, and for that I am forever grateful. I share some inspirational quotes throughout this journal from the aforementioned spiritual teachers, but also some awe-inspiring quotes from a less likely source; A-List Hollywood actors such as Denzel Washington, Jim Carrey and Matthew McConaughey to name a few.

I perceive a mindset of gratitude as having the skill to become aware of what is working well in life and to consciously and consistently recognise it. Parallel to this is the ability to mentally prioritise the positive elements of a given situation over the negatives, the light over dark, the love over fear. It is the process of shifting a negative subconscious paradigm into a new positive 'default' setting in your mind. Similar to any other form of training one would undertake in order to master a new skill, establishing a mindset of gratitude is no different in this respect. It is a gradual process which takes time, discipline, commitment and patience.

From a personal standpoint I compile this journal during a moment of crisis in my own life. Without delving into detail and risk tainting the positive vibes I wish to convey through this journal, a recent event in my life has consequently tested my ability to remain anchored in a positive state of mind, to continue showing gratitude and focusing on all that is good and working well. It has been a profound challenge, one which I'll continue to face in the immediate future, but with less emotional intensity as time begins to provide its greatest gift of healing.

However, through this experience I have gained a sense of clarity. In unification with support from family and friends, it has spurred me on to realise that practicing gratitude and acknowledging the good in life is never more essential than when you find yourself in the midst of a crisis. More than ever I have called upon the core values which have become an integral part of my daily routine. I have chosen to channel my recent experience in a positive way, to fall forward and help others in some capacity to attain a grateful mindset.

For me this journal is more than just a support tool where one can enter their daily thoughts. It is a testament to a practice which continues to provide solace for many people around the world, including myself, and a pathway towards successfully coping with life challenges through its teachings.

I express my utmost gratitude to you for choosing Good Vibes. I hope this journal assists you on your journey towards attaining a mindset of gratitude and wish you every success on your spiritual journey. Remember, every day may not be good, but there is good in every day.

O. Munir

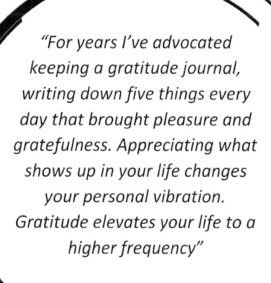

"For years I've advocated keeping a gratitude journal, writing down five things every day that brought pleasure and gratefulness. Appreciating what shows up in your life changes your personal vibration. Gratitude elevates your life to a higher frequency"

Oprah Winfrey

Get to know yourself better

What do you love about yourself?

_____
_____
_____
_____

How would you like people to describe you?

_____
_____
_____
_____
_____

Write down one way you would like to grow in the next year.

_____
_____
_____
_____

Name what is enough for you.

_____
_____
_____
_____
_____

What has surprised you about your life or life in general?

_____
_____
_____
_____
_____

Make a list of everything that inspires you. (Hint: books, people, the outdoors)

_____
_____
_____
_____
_____
_____
_____
_____
_____
_____
_____

Your Thoughts...

_____
_____
_____
_____
_____
_____
_____
_____
_____
_____
_____
_____
_____
_____
_____
_____
_____
_____
_____
_____
_____
_____
_____
_____
_____
_____

DAY **1** | M | T | W | T | F | S | S |

…./…./……

Today I am blessed and grateful for….

_____

_____

_____

_____

A moment which made you laugh today

_____

_____

_____

DAY **2** | M | T | W | T | F | S | S |

…./…./……

Today I am blessed and grateful for….

_____

_____

_____

_____

Your favourite scent from today

_____

_____

_____

DAY **3** | M | T | W | T | F | S | S |

..../..../......

Today I am blessed and grateful for....

_____
_____
_____
_____

A song you enjoyed listening to today

_____
_____
_____

DAY **4** | M | T | W | T | F | S | S |

..../..../......

Today I am blessed and grateful for....

_____
_____
_____
_____

A person you thought of fondly today

_____
_____
_____

DAY **5** | M | T | W | T | F | S | S |

..../..../......

Today I am blessed and grateful for....

_____

_____

_____

_____

Someone you helped today

_____

_____

_____

DAY **6** | M | T | W | T | F | S | S |

..../..../......

Today I am blessed and grateful for....

_____

_____

_____

_____

What food you liked eating today

_____

_____

_____

DAY 7

| M | T | W | T | F | S | S |

..../..../......

Today I am blessed and grateful for....

_____

_____

_____

_____

A good memory you thought of today

_____

_____

_____

"Give thanks. Appreciate what you do have...the more we give thanks, the more we receive to be thankful for. Gratitude is the gift that always gives back."

Matthew McConaughey

DAY 8 | M | T | W | T | F | S | S |

..../..../......

Today I am blessed and grateful for....

_____

_____

_____

_____

Compliment you received or gave

_____

_____

_____

DAY 9 | M | T | W | T | F | S | S |

..../..../......

Today I am blessed and grateful for....

_____

_____

_____

_____

Something new you learned today

_____

_____

_____

DAY 10 ☐M ☐T ☐W ☐T ☐F ☐S ☐S

..../..../......

Today I am blessed and grateful for....

_____
_____
_____
_____

Something interesting you read today

_____
_____
_____

DAY 11 ☐M ☐T ☐W ☐T ☐F ☐S ☐S

..../..../......

Today I am blessed and grateful for....

_____
_____
_____
_____

A friend you spoke to today

_____
_____
_____

DAY 12 | M | T | W | T | F | S | S |

..../..../......

Today I am blessed and grateful for....

_____
_____
_____
_____

A positive/happy thought you had today

_____
_____
_____

DAY 13 | M | T | W | T | F | S | S |

..../..../......

Today I am blessed and grateful for....

_____
_____
_____
_____

3 small victories you had today

_____
_____
_____

DAY **14** | M | T | W | T | F | S | S |

..../..../......

Today I am blessed and grateful for....

_____

_____

_____

_____

Something you did today to make yourself feel good

_____

_____

_____

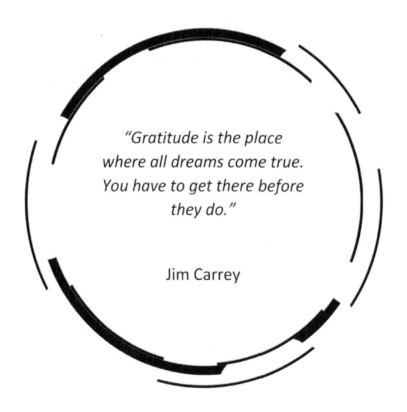

"Gratitude is the place where all dreams come true. You have to get there before they do."

Jim Carrey

DAY 15 | M | T | W | T | F | S | S |

..../..../......

Today I am blessed and grateful for....

_____

_____

_____

_____

A moment which made you laugh today

_____

_____

_____

DAY 16 | M | T | W | T | F | S | S |

..../..../......

Today I am blessed and grateful for....

_____

_____

_____

_____

Your favourite scent from today

_____

_____

_____

DAY **17** | M | T | W | T | F | S | S |

..../..../......

Today I am blessed and grateful for....

_____

_____

_____

_____

A song you enjoyed listening to today

_____

_____

_____

DAY **18** | M | T | W | T | F | S | S |

..../..../......

Today I am blessed and grateful for....

_____

_____

_____

_____

A person you thought of fondly today

_____

_____

_____

DAY **19** | M | T | W | T | F | S | S |

..../..../......

Today I am blessed and grateful for....

_____
_____
_____
_____

Someone you helped today

_____
_____
_____

DAY **20** | M | T | W | T | F | S | S |

..../..../......

Today I am blessed and grateful for....

_____
_____
_____
_____

What food you liked eating today

_____
_____
_____

DAY 21

| M | T | W | T | F | S | S |

…../…../……

Today I am blessed and grateful for….

_____

_____

_____

_____

A good memory you thought of today

_____

_____

_____

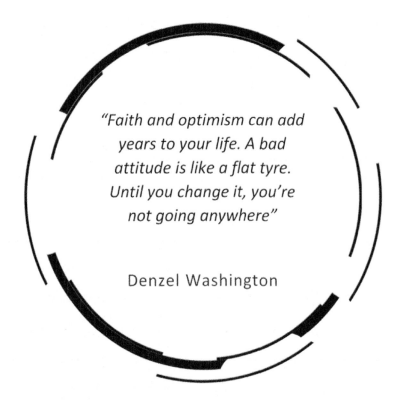

"Faith and optimism can add years to your life. A bad attitude is like a flat tyre. Until you change it, you're not going anywhere"

Denzel Washington

DAY 22

M	T	W	T	F	S	S

..../..../......

Today I am blessed and grateful for....

_____
_____
_____
_____

Compliment you received or gave

_____
_____

DAY 23

M	T	W	T	F	S	S

..../..../......

Today I am blessed and grateful for....

_____
_____
_____
_____

Something new you learned today

_____
_____
_____

DAY **24** | M | T | W | T | F | S | S |

..../..../......

Today I am blessed and grateful for....

_____

_____

_____

_____

Something interesting you read today

_____

_____

_____

DAY **25** | M | T | W | T | F | S | S |

..../..../......

Today I am blessed and grateful for....

_____

_____

_____

_____

A friend you spoke to today

_____

_____

_____

DAY **26** | M | T | W | T | F | S | S |

..../..../......

Today I am blessed and grateful for....

_____

_____

_____

_____

A positive/happy thought you had today

_____

_____

_____

DAY **27** | M | T | W | T | F | S | S |

..../..../......

Today I am blessed and grateful for....

_____

_____

_____

_____

3 small victories you had today

_____

_____

_____

DAY 28

M	T	W	T	F	S	S

..../..../......

Today I am blessed and grateful for....

_____

_____

_____

_____

Something you did today to make yourself feel good

_____

_____

_____

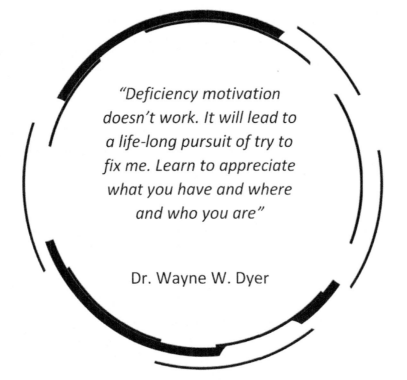

"Deficiency motivation doesn't work. It will lead to a life-long pursuit of try to fix me. Learn to appreciate what you have and where and who you are"

Dr. Wayne W. Dyer

DAY **29** | M | T | W | T | F | S | S |

..../..../......

Today I am blessed and grateful for....

_____
_____
_____
_____

A moment which made you laugh today

_____
_____
_____

DAY **30** | M | T | W | T | F | S | S |

..../..../......

Today I am blessed and grateful for....

_____
_____
_____
_____

Your favourite scent from today

_____
_____
_____

Time to Reflect

Let's take a moment to pause and reflect back on the last 30 days or so and put pen to paper on your journey so far.

What have been your favourite moments?

_____
_____
_____

What have you learned?

_____
_____
_____

Write down 5 things to do more often.

_____
_____
_____
_____

Write down 5 things to do less often.

_____
_____
_____
_____

What are you looking forward to?

_____
_____
_____
_____

Your thoughts...

_____
_____
_____
_____
_____
_____

DAY **31** | M | T | W | T | F | S | S |

…./…./……

Today I am blessed and grateful for....

_____
_____
_____
_____

A song you enjoyed listening to today

_____
_____
_____

DAY **32** | M | T | W | T | F | S | S |

…./…./……

Today I am blessed and grateful for....

_____
_____
_____
_____

A person you thought of fondly today

_____
_____
_____

DAY 33 | M | T | W | T | F | S | S |

…./…./……

Today I am blessed and grateful for….

_____

_____

_____

_____

Someone you helped today

_____

_____

_____

DAY 34 | M | T | W | T | F | S | S |

…./…./……

Today I am blessed and grateful for….

_____

_____

_____

_____

What food you liked eating today

_____

_____

_____

DAY 35

M	T	W	T	F	S	S

..../..../......

Today I am blessed and grateful for....

_____

_____

_____

_____

A good memory you thought of today

_____

_____

_____

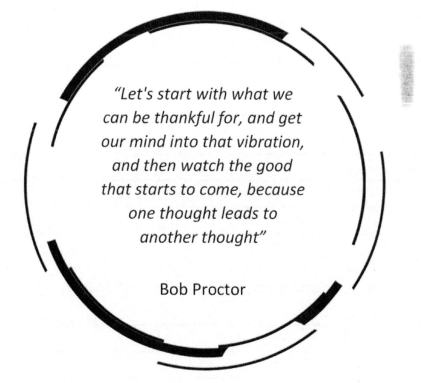

"Let's start with what we
can be thankful for, and get
our mind into that vibration,
and then watch the good
that starts to come, because
one thought leads to
another thought"

Bob Proctor

DAY **36** | M | T | W | T | F | S | S |

..../..../......

Today I am blessed and grateful for....

_____

_____

_____

_____

Compliment you received or gave

_____

_____

_____

DAY **37** | M | T | W | T | F | S | S |

..../..../......

Today I am blessed and grateful for....

_____

_____

_____

_____

Something new you learned today

_____

_____

_____

DAY **38** | M | T | W | T | F | S | S |

..../..../......

Today I am blessed and grateful for....

_____
_____
_____
_____

Something interesting you read today

_____
_____
_____

DAY **39** | M | T | W | T | F | S | S |

..../..../......

Today I am blessed and grateful for....

_____
_____
_____
_____

A friend you spoke to today

_____
_____
_____

DAY **40** | M | T | W | T | F | S | S |

..../..../......

Today I am blessed and grateful for....

_____

_____

_____

_____

A positive/happy thought you had today

_____

_____

_____

DAY **41** | M | T | W | T | F | S | S |

..../..../......

Today I am blessed and grateful for....

_____

_____

_____

_____

3 small victories you had today

_____

_____

_____

DAY 42

| M | T | W | T | F | S | S |

..../..../......

Today I am blessed and grateful for....

_____

_____

_____

_____

Something you did today to make yourself feel good

_____

_____

_____

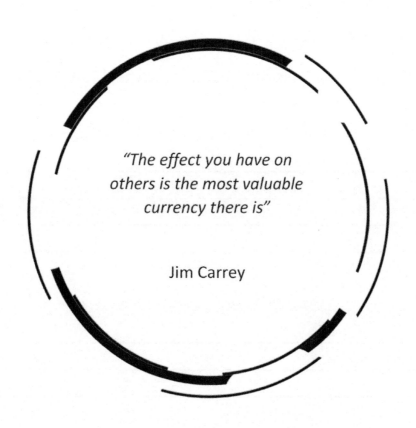

"The effect you have on others is the most valuable currency there is"

Jim Carrey

DAY **43** | M | T | W | T | F | S | S |

..../..../......

Today I am blessed and grateful for....

_____
_____
_____
_____

A moment which made you laugh today

_____
_____
_____

DAY **44** | M | T | W | T | F | S | S |

..../..../......

Today I am blessed and grateful for....

_____
_____
_____
_____

Your favourite scent from today

_____
_____
_____

DAY **45** | M | T | W | T | F | S | S |

..../..../......

Today I am blessed and grateful for....

_____
_____
_____
_____

A song you enjoyed listening to today

_____
_____
_____

DAY **46** | M | T | W | T | F | S | S |

..../..../......

Today I am blessed and grateful for....

_____
_____
_____
_____

A person you thought of fondly today

_____
_____
_____

DAY **47** | M | T | W | T | F | S | S |

..../..../......

Today I am blessed and grateful for....

_____

_____

_____

_____

Someone you helped today

_____

_____

_____

DAY **48** | M | T | W | T | F | S | S |

..../..../......

Today I am blessed and grateful for....

_____

_____

_____

_____

What food you liked eating today

_____

_____

_____

DAY **49**

M | T | W | T | F | S | S

..../..../......

Today I am blessed and grateful for....

_____

_____

_____

_____

A good memory you thought of today

_____

_____

_____

"It's a scientific fact that gratitude reciprocates"

Matthew McConaughey

DAY **50** | M | T | W | T | F | S | S |

..../..../......

Today I am blessed and grateful for....

_____
_____
_____
_____

Compliment you received or gave

_____
_____
_____

DAY **51** | M | T | W | T | F | S | S |

..../..../......

Today I am blessed and grateful for....

_____
_____
_____
_____

Something new you learned today

_____
_____
_____

DAY **52** | M | T | W | T | F | S | S |

..../..../......

Today I am blessed and grateful for....

_____

_____

_____

_____

Something interesting you read today

_____

_____

_____

DAY **53** | M | T | W | T | F | S | S |

..../..../......

Today I am blessed and grateful for....

_____

_____

_____

_____

A friend you spoke to today

_____

_____

_____

DAY **54** | M | T | W | T | F | S | S |

..../..../......

Today I am blessed and grateful for....

_____

_____

_____

_____

A positive/happy thought you had today

_____

_____

_____

DAY **55** | M | T | W | T | F | S | S |

..../..../......

Today I am blessed and grateful for....

_____

_____

_____

_____

3 small victories you had today

_____

_____

_____

DAY 56

M	T	W	T	F	S	S

...../...../.......

Today I am blessed and grateful for....

_____

_____

_____

_____

Something you did today to make yourself feel good

_____

_____

_____

"Say thank you for grace, thank you for mercy, thank you for understanding, thank you for wisdom, thank you for parents, thank you for love, thank you for kindness, thank you for humility, thank you for peace, thank you for prosperity"

Denzel Washington

DAY **57** | M | T | W | T | F | S | S |

..../..../.......

Today I am blessed and grateful for....

_____

_____

_____

_____

A moment which made you laugh today

_____

_____

_____

DAY **58** | M | T | W | T | F | S | S |

..../..../.......

Today I am blessed and grateful for....

_____

_____

_____

_____

Your favourite scent from today

_____

_____

_____

DAY 59 | M | T | W | T | F | S | S |

..../..../......

Today I am blessed and grateful for....

_____

_____

_____

_____

A song you enjoyed listening to today

_____

_____

_____

DAY 60 | M | T | W | T | F | S | S |

..../..../......

Today I am blessed and grateful for....

_____

_____

_____

_____

A person you thought of fondly today

_____

_____

_____

Time to Reflect

Let's take a moment to pause and reflect back on the last 30 days or so and put pen to paper on your journey so far.

What have been your favourite moments?

_____
_____
_____

What have you learned?

_____
_____
_____

Write down 5 things to do more often.

_____
_____
_____
_____

Write down 5 things to do less often.

_____
_____
_____
_____

What are you looking forward to?

_____
_____
_____
_____

Your thoughts...

_____
_____
_____
_____
_____
_____

DAY **61** | M | T | W | T | F | S | S |

..../..../......

Today I am blessed and grateful for....

_____

_____

_____

_____

Someone you helped today

_____

_____

_____

DAY **62** | M | T | W | T | F | S | S |

..../..../......

Today I am blessed and grateful for....

_____

_____

_____

_____

What food you liked eating today

_____

_____

_____

DAY **63** | M | T | W | T | F | S | S |

..../..../.......

Today I am blessed and grateful for....

_____

_____

_____

_____

A good memory you thought of today

_____

_____

_____

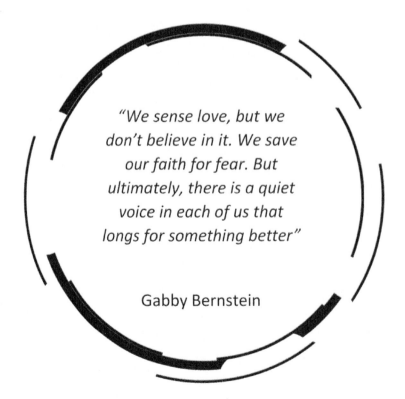

"We sense love, but we don't believe in it. We save our faith for fear. But ultimately, there is a quiet voice in each of us that longs for something better"

Gabby Bernstein

DAY **64** | M | T | W | T | F | S | S |

…./…./……

Today I am blessed and grateful for….

_____
_____
_____
_____

Compliment you received or gave

_____
_____
_____

DAY **65** | M | T | W | T | F | S | S |

…./…./……

Today I am blessed and grateful for….

_____
_____
_____
_____

Something new you learned today

_____
_____
_____

DAY **66** | M | T | W | T | F | S | S |

..../..../......

Today I am blessed and grateful for....

_____

_____

_____

_____

Something interesting you read today

_____

_____

_____

DAY **67** | M | T | W | T | F | S | S |

..../..../......

Today I am blessed and grateful for....

_____

_____

_____

_____

A friend you spoke to today

_____

_____

_____

DAY **68** | M | T | W | T | F | S | S |

..../..../......

Today I am blessed and grateful for....

_____
_____
_____
_____

A positive/happy thought you had today

_____
_____

DAY **69** | M | T | W | T | F | S | S |

..../..../......

Today I am blessed and grateful for....

_____
_____
_____
_____

3 small victories you had today

_____
_____
_____

DAY **70** | M | T | W | T | F | S | S |

…../…../……

Today I am blessed and grateful for….

_____
_____
_____
_____

Something you did today to make yourself feel good

_____
_____
_____

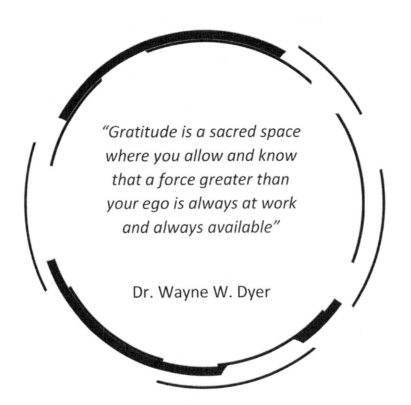

*"Gratitude is a sacred space
where you allow and know
that a force greater than
your ego is always at work
and always available"*

Dr. Wayne W. Dyer

DAY **71** | M | T | W | T | F | S | S |

..../..../......

Today I am blessed and grateful for....

_____

_____

_____

_____

A moment which made you laugh today

_____

_____

_____

DAY **72** | M | T | W | T | F | S | S |

..../..../......

Today I am blessed and grateful for....

_____

_____

_____

_____

Your favourite scent from today

_____

_____

_____

DAY 73 | M | T | W | T | F | S | S |

..../..../......

Today I am blessed and grateful for....

_____
_____
_____
_____

A song you enjoyed listening to today

_____
_____
_____

DAY 74 | M | T | W | T | F | S | S |

..../..../......

Today I am blessed and grateful for....

_____
_____
_____
_____

A person you thought of fondly today

_____
_____
_____

DAY **75** | M | T | W | T | F | S | S |

..../..../......

Today I am blessed and grateful for....

_____
_____
_____
_____

Someone you helped today

_____
_____
_____

DAY **76** | M | T | W | T | F | S | S |

..../..../......

Today I am blessed and grateful for....

_____
_____
_____
_____

What food you liked eating today

_____
_____
_____

DAY 77 | M | T | W | T | F | S | S |

..../..../......

Today I am blessed and grateful for....

_____

_____

_____

_____

A good memory you thought of today

_____

_____

_____

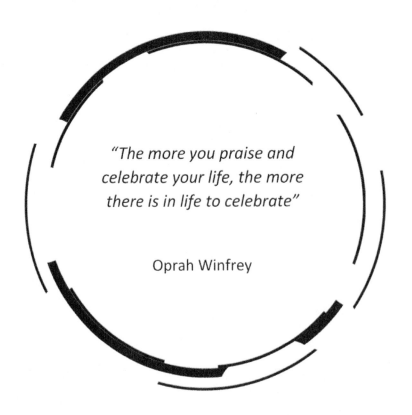

"The more you praise and celebrate your life, the more there is in life to celebrate"

Oprah Winfrey

DAY **78** | M | T | W | T | F | S | S |

..../..../......

Today I am blessed and grateful for....

_____
_____
_____
_____

Compliment you received or gave

_____
_____
_____

DAY **79** | M | T | W | T | F | S | S |

..../..../......

Today I am blessed and grateful for....

_____
_____
_____
_____

Something new you learned today

_____
_____
_____

DAY **80** | M | T | W | T | F | S | S |

..../..../......

Today I am blessed and grateful for....

_____
_____
_____
_____

Something interesting you read today

_____
_____
_____

DAY **81** | M | T | W | T | F | S | S |

..../..../......

Today I am blessed and grateful for....

_____
_____
_____
_____

A friend you spoke to today

_____
_____
_____

DAY **82** | M | T | W | T | F | S | S |

..../..../......

Today I am blessed and grateful for....

_____
_____
_____
_____

A positive/happy thought you had today

_____
_____
_____

DAY **83** | M | T | W | T | F | S | S |

..../..../......

Today I am blessed and grateful for....

_____
_____
_____
_____

3 small victories you had today

_____
_____
_____

DAY **84** | M | T | W | T | F | S | S |

..../..../......

Today I am blessed and grateful for....

_____

_____

_____

_____

Something you did today to make yourself feel good

_____

_____

_____

"See yourself living in abundance and you will attract it. It always works, it works every time with every person"

Bob Proctor

DAY **85** | M | T | W | T | F | S | S |

..../..../......

Today I am blessed and grateful for....

_____
_____
_____
_____

A moment which made you laugh today

_____
_____
_____

DAY **86** | M | T | W | T | F | S | S |

..../..../......

Today I am blessed and grateful for....

_____
_____
_____
_____

Your favourite scent from today

_____
_____
_____

DAY 87 [M] [T] [W] [T] [F] [S] [S]

…./…./……

Today I am blessed and grateful for….

_____

_____

_____

_____

A song you enjoyed listening to today

_____

_____

_____

DAY 88 [M] [T] [W] [T] [F] [S] [S]

…./…./……

Today I am blessed and grateful for….

_____

_____

_____

_____

A person you thought of fondly today

_____

_____

_____

DAY **89** | M | T | W | T | F | S | S |

..../..../.......

Today I am blessed and grateful for....

_____
_____
_____
_____

Someone you helped today

_____
_____
_____

DAY **90** | M | T | W | T | F | S | S |

..../..../.......

Today I am blessed and grateful for....

_____
_____
_____
_____

What food you liked eating today

_____
_____
_____

Time to Reflect

Let's take a moment to pause and reflect back on the last 30 days or so and put pen to paper on your journey so far.

What have been your favourite moments?

_____
_____
_____

What have you learned?

_____
_____
_____

Write down 5 things to do more often.

_____
_____
_____
_____

Write down 5 things to do less often.

_____
_____
_____
_____

What are you looking forward to?

_____
_____
_____
_____

Your thoughts...

_____
_____
_____
_____
_____
_____
_____

DAY 91

M	T	W	T	F	S	S

..../..../......

Today I am blessed and grateful for....

_____

_____

_____

_____

A good memory you thought of today

_____

_____

_____

"I've learned that fear is simply an illusion based on past experiences that we project into the present and onto the future"

Gabby Bernstein

DAY 92 | M | T | W | T | F | S | S |

..../..../......

Today I am blessed and grateful for....

_____

_____

_____

_____

Compliment you received or gave

_____

_____

_____

DAY 93 | M | T | W | T | F | S | S |

..../..../......

Today I am blessed and grateful for....

_____

_____

_____

_____

Something new you learned today

_____

_____

_____

DAY **94** | M | T | W | T | F | S | S |

..../..../......

Today I am blessed and grateful for....

_____
_____
_____
_____

Something interesting you read today

_____
_____
_____

DAY **95** | M | T | W | T | F | S | S |

..../..../......

Today I am blessed and grateful for....

_____
_____
_____
_____

A friend you spoke to today

_____
_____
_____

DAY **96** | M | T | W | T | F | S | S |

..../..../......

Today I am blessed and grateful for....

_____
_____
_____
_____

A positive/happy thought you had today

_____
_____
_____

DAY **97** | M | T | W | T | F | S | S |

..../..../......

Today I am blessed and grateful for....

_____
_____
_____
_____

3 small victories you had today

_____
_____
_____

DAY 98

| M | T | W | T | F | S | S |

..../..../......

Today I am blessed and grateful for....

_____

_____

_____

_____

Something you did today to make yourself feel good

_____

_____

_____

"Give thanks for blessing every day. Every day. Embrace gratitude. Encourage others. It is impossible to be grateful and hateful at the same time"

Denzel Washington

DAY 99 | M | T | W | T | F | S | S |

..../..../......

Today I am blessed and grateful for....

_____

_____

_____

_____

A moment which made you laugh today

_____

_____

_____

DAY 100 | M | T | W | T | F | S | S |

..../..../......

Today I am blessed and grateful for....

_____

_____

_____

_____

Your favourite scent from today

_____

_____

_____

DAY **101** | M | T | W | T | F | S | S |

..../..../......

Today I am blessed and grateful for....

_____
_____
_____
_____

A song you enjoyed listening to today

_____
_____
_____

DAY **102** | M | T | W | T | F | S | S |

..../..../......

Today I am blessed and grateful for....

_____
_____
_____
_____

A person you thought of fondly today

_____
_____
_____

DAY **103** | M | T | W | T | F | S | S |

..../..../......

Today I am blessed and grateful for....

_____
_____
_____
_____

Someone you helped today

_____
_____
_____

DAY **104** | M | T | W | T | F | S | S |

..../..../......

Today I am blessed and grateful for....

_____
_____
_____
_____

What food you liked eating today

_____
_____
_____

DAY **105**

M | T | W | T | F | S | S

..../..../......

Today I am blessed and grateful for....

_____
_____
_____
_____

A good memory you thought of today

_____
_____
_____

"We have a big appetite for putting people down but, at the heart of everyone, there's enough room for all of us to succeed"

Matthew McConaughey

DAY **106** | M | T | W | T | F | S | S |

..../..../......

Today I am blessed and grateful for....

_____
_____
_____
_____

Compliment you received or gave

_____
_____
_____

DAY **107** | M | T | W | T | F | S | S |

..../..../......

Today I am blessed and grateful for....

_____
_____
_____
_____

Something new you learned today

_____
_____
_____

DAY 108 M T W T F S S

..../..../......

Today I am blessed and grateful for....

_____
_____
_____
_____

Something interesting you read today

_____
_____
_____

DAY 109 M T W T F S S

..../..../......

Today I am blessed and grateful for....

_____
_____
_____
_____

A friend you spoke to today

_____
_____
_____

DAY 110 | M | T | W | T | F | S | S |

..../..../......

Today I am blessed and grateful for....

_____

_____

_____

_____

A positive/happy thought you had today

_____

_____

_____

DAY 111 | M | T | W | T | F | S | S |

..../..../......

Today I am blessed and grateful for....

_____

_____

_____

_____

3 small victories you had today

_____

_____

_____

DAY 112

M	T	W	T	F	S	S

..../...../......

Today I am blessed and grateful for....

_____

_____

_____

_____

Something you did today to make yourself feel good

_____

_____

_____

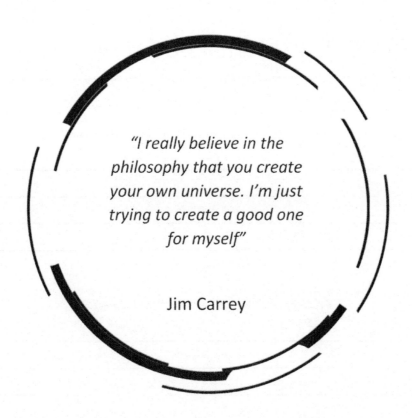

"I really believe in the philosophy that you create your own universe. I'm just trying to create a good one for myself"

Jim Carrey

DAY 113 | M | T | W | T | F | S | S |

..../..../......

Today I am blessed and grateful for....

_____

_____

_____

_____

A moment which made you laugh today

_____

_____

_____

DAY 114 | M | T | W | T | F | S | S |

..../..../......

Today I am blessed and grateful for....

_____

_____

_____

_____

Your favourite scent from today

_____

_____

_____

DAY **115** | M | T | W | T | F | S | S |

..../..../......

Today I am blessed and grateful for....

_____
_____
_____
_____

A song you enjoyed listening to today

_____
_____
_____

DAY **116** | M | T | W | T | F | S | S |

..../..../......

Today I am blessed and grateful for....

_____
_____
_____
_____

A person you thought of fondly today

_____
_____
_____

DAY **117** | M | T | W | T | F | S | S |

..../..../.......

Today I am blessed and grateful for....

_____

_____

_____

_____

Someone you helped today

_____

_____

_____

DAY **118** | M | T | W | T | F | S | S |

..../..../.......

Today I am blessed and grateful for....

_____

_____

_____

_____

What food you liked eating today

_____

_____

_____

DAY 119

M	T	W	T	F	S	S

..../..../......

Today I am blessed and grateful for....

_____

_____

_____

_____

A good memory you thought of today

_____

_____

_____

"Say thank you in advance for what is already yours"

Denzel Washington

DAY **120** | M | T | W | T | F | S | S |

..../..../......

Today I am blessed and grateful for....

_____
_____
_____
_____

Compliment you received or gave

_____
_____
_____

DAY **121** | M | T | W | T | F | S | S |

..../..../......

Today I am blessed and grateful for....

_____
_____
_____
_____

Something new you learned today

_____
_____
_____

Time to Reflect

Let's take a moment to pause and reflect back on the last 30 days or so and put pen to paper on your journey so far.

What have been your favourite moments?

_____
_____
_____

What have you learned?

_____
_____
_____

Write down 5 things to do more often.

_____
_____
_____
_____

Write down 5 things to do less often.

_____
_____
_____
_____

What are you looking forward to?

_____
_____
_____

Your thoughts...

_____
_____
_____
_____
_____
_____

DAY 122 | M | T | W | T | F | S | S |

..... / ..... / ......

Today I am blessed and grateful for....

_____

_____

_____

_____

Something interesting you read today

_____

_____

_____

DAY 123 | M | T | W | T | F | S | S |

..... / ..... / ......

Today I am blessed and grateful for....

_____

_____

_____

_____

A friend you spoke to today

_____

_____

_____

DAY **124** | M | T | W | T | F | S | S |

..../..../......

Today I am blessed and grateful for....

_____

_____

_____

_____

A positive/happy thought you had today

_____

_____

_____

DAY **125** | M | T | W | T | F | S | S |

..../..../......

Today I am blessed and grateful for....

_____

_____

_____

_____

3 small victories you had today

_____

_____

_____

DAY 126 | M | T | W | T | F | S | S |

..../..../......

Today I am blessed and grateful for....

_____

_____

_____

_____

Something you did today to make yourself feel good

_____

_____

_____

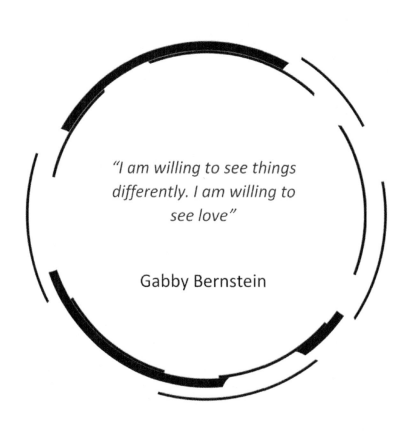

"I am willing to see things differently. I am willing to see love"

Gabby Bernstein

DAY **127** | M | T | W | T | F | S | S |

..../..../......

Today I am blessed and grateful for....

_____
_____
_____
_____

A moment which made you laugh today

_____
_____
_____

DAY **128** | M | T | W | T | F | S | S |

..../..../......

Today I am blessed and grateful for....

_____
_____
_____
_____

Your favourite scent from today

_____
_____
_____

DAY **129** | M | T | W | T | F | S | S |

..../..../......

Today I am blessed and grateful for....

_____
_____
_____
_____

A song you enjoyed listening to today

_____
_____
_____

DAY **130** | M | T | W | T | F | S | S |

..../..../......

Today I am blessed and grateful for....

_____
_____
_____
_____

A person you thought of fondly today

_____
_____
_____

DAY **131** | M | T | W | T | F | S | S |

..../..../.......

Today I am blessed and grateful for....

_____
_____
_____
_____

Someone you helped today

_____
_____
_____

DAY **132** | M | T | W | T | F | S | S |

..../..../.......

Today I am blessed and grateful for....

_____
_____
_____
_____

What food you liked eating today

_____
_____
_____

DAY 133

M	T	W	T	F	S	S

..../..../......

Today I am blessed and grateful for....

_____

_____

_____

_____

A good memory you thought of today

_____

_____

_____

*"Acknowledging the good
that you already have in
your life is the foundation
for all abundance"*

Eckhart Tolle

DAY **134** | M | T | W | T | F | S | S |

..../..../.......

Today I am blessed and grateful for....

_____
_____
_____
_____

Compliment you received or gave

_____
_____
_____

DAY **135** | M | T | W | T | F | S | S |

..../..../.......

Today I am blessed and grateful for....

_____
_____
_____
_____

Something new you learned today

_____
_____
_____

DAY **136** | M | T | W | T | F | S | S |

…../…../…....

Today I am blessed and grateful for….

_____

_____

_____

_____

Something interesting you read today

_____

_____

_____

DAY **137** | M | T | W | T | F | S | S |

…../…../…....

Today I am blessed and grateful for….

_____

_____

_____

_____

A friend you spoke to today

_____

_____

_____

DAY 138 | M | T | W | T | F | S | S |

..../..../......

Today I am blessed and grateful for....

_____

_____

_____

_____

A positive/happy thought you had today

_____

_____

_____

DAY 139 | M | T | W | T | F | S | S |

..../..../......

Today I am blessed and grateful for....

_____

_____

_____

_____

3 small victories you had today

_____

_____

_____

DAY 140

| M | T | W | T | F | S | S |

..../..../......

Today I am blessed and grateful for....

_____

_____

_____

_____

Something you did today to make yourself feel good

_____

_____

_____

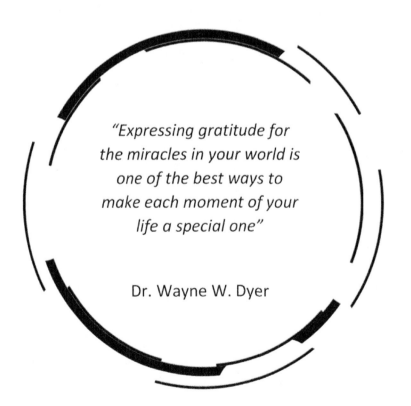

"Expressing gratitude for the miracles in your world is one of the best ways to make each moment of your life a special one"

Dr. Wayne W. Dyer

DAY **141** | M | T | W | T | F | S | S |

..../..../......

Today I am blessed and grateful for....

_____
_____
_____
_____

A moment which made you laugh today

_____
_____
_____

DAY **142** | M | T | W | T | F | S | S |

..../..../......

Today I am blessed and grateful for....

_____
_____
_____
_____

Your favourite scent from today

_____
_____
_____

DAY 143 | M | T | W | T | F | S | S |

..../..../......

Today I am blessed and grateful for....

_____
_____
_____
_____

A song you enjoyed listening to today

_____
_____
_____

DAY 144 | M | T | W | T | F | S | S |

..../..../......

Today I am blessed and grateful for....

_____
_____
_____
_____

A person you thought of fondly today

_____
_____
_____

DAY **145** | M | T | W | T | F | S | S |

..../..../......

Today I am blessed and grateful for....

_____
_____
_____
_____

Someone you helped today

_____
_____
_____

DAY **146** | M | T | W | T | F | S | S |

..../..../......

Today I am blessed and grateful for....

_____
_____
_____
_____

What food you liked eating today

_____
_____
_____

DAY **147** | M | T | W | T | F | S | S |

..../..../......

Today I am blessed and grateful for....

_____

_____

_____

_____

A good memory you thought of today

_____

_____

_____

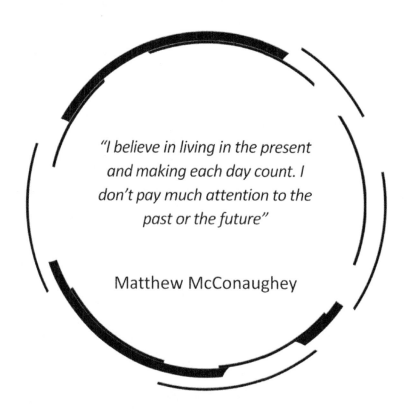

"I believe in living in the present and making each day count. I don't pay much attention to the past or the future"

Matthew McConaughey

DAY **148** | M | T | W | T | F | S | S |

..../..../......

Today I am blessed and grateful for....

_____
_____
_____
_____

Compliment you received or gave

_____
_____
_____

DAY **149** | M | T | W | T | F | S | S |

..../..../......

Today I am blessed and grateful for....

_____
_____
_____
_____

Something new you learned today

_____
_____
_____

DAY **150** | M | T | W | T | F | S | S |

..../..../......

Today I am blessed and grateful for....

_____
_____
_____
_____

Something interesting you read today

_____
_____
_____

DAY **151** | M | T | W | T | F | S | S |

..../..../......

Today I am blessed and grateful for....

_____
_____
_____
_____

A friend you spoke to today

_____
_____
_____

Time to Reflect

Let's take a moment to pause and reflect back on the last 30 days or so and put pen to paper on your journey so far.

What have been your favourite moments?

_____
_____
_____

What have you learned?

_____
_____
_____

Write down 5 things to do more often.

_____
_____
_____
_____

Write down 5 things to do less often.

_____
_____
_____
_____

What are you looking forward to?

_____
_____
_____
_____

Your thoughts...

_____
_____
_____
_____
_____
_____
_____

DAY **152** | M | T | W | T | F | S | S |

..../..../......

Today I am blessed and grateful for....

_____

_____

_____

_____

A positive/happy thought you had today

_____

_____

_____

DAY **153** | M | T | W | T | F | S | S |

..../..../......

Today I am blessed and grateful for....

_____

_____

_____

_____

3 small victories you had today

_____

_____

_____

DAY 154

M	T	W	T	F	S	S

..../..../......

Today I am blessed and grateful for....

_____

_____

_____

_____

Something you did today to make yourself feel good

_____

_____

_____

"Every morning when I open my curtains for that first look at the day, no matter what the day looks like— raining, foggy, overcast, sunny—my heart swells with gratitude. I get another chance"

Oprah Winfrey

DAY **155** | M | T | W | T | F | S | S |

..../..../......

Today I am blessed and grateful for....

_____

_____

_____

_____

A moment which made you laugh today

_____

_____

_____

DAY **156** | M | T | W | T | F | S | S |

..../..../......

Today I am blessed and grateful for....

_____

_____

_____

_____

Your favourite scent from today

_____

_____

_____

DAY **157** | M | T | W | T | F | S | S |

..../..../......

Today I am blessed and grateful for....

_____
_____
_____
_____

A song you enjoyed listening to today

_____
_____
_____

DAY **158** | M | T | W | T | F | S | S |

..../..../......

Today I am blessed and grateful for....

_____
_____
_____
_____

A person you thought of fondly today

_____
_____
_____

DAY **159** | M | T | W | T | F | S | S |

..../..../......

Today I am blessed and grateful for....

_____
_____
_____
_____

Someone you helped today

_____
_____
_____

DAY **160** | M | T | W | T | F | S | S |

..../..../......

Today I am blessed and grateful for....

_____
_____
_____
_____

What food you liked eating today

_____
_____
_____

DAY 161

M	T	W	T	F	S	S

…./…./……

Today I am blessed and grateful for….

_____

_____

_____

_____

A good memory you thought of today

_____

_____

_____

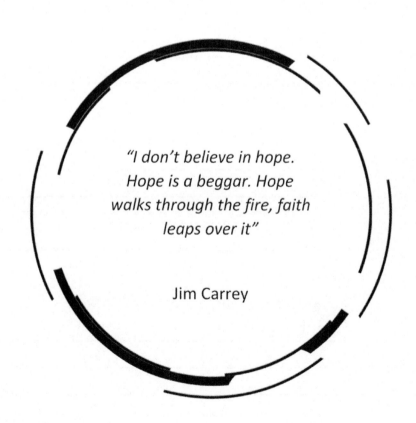

"I don't believe in hope. Hope is a beggar. Hope walks through the fire, faith leaps over it"

Jim Carrey

DAY **162** | M | T | W | T | F | S | S |

..../..../......

Today I am blessed and grateful for....

_____
_____
_____
_____

Compliment you received or gave

_____
_____
_____

DAY **163** | M | T | W | T | F | S | S |

..../..../......

Today I am blessed and grateful for....

_____
_____
_____
_____

Something new you learned today

_____
_____
_____

DAY **164** | M | T | W | T | F | S | S |

..../..../......

Today I am blessed and grateful for....

_____
_____
_____
_____

Something interesting you read today

_____
_____
_____

DAY **165** | M | T | W | T | F | S | S |

..../..../......

Today I am blessed and grateful for....

_____
_____
_____
_____

A friend you spoke to today

_____
_____
_____

DAY **166** | M | T | W | T | F | S | S |

..../..../......

Today I am blessed and grateful for....

_____

_____

_____

_____

A positive/happy thought you had today

_____

_____

_____

DAY **167** | M | T | W | T | F | S | S |

..../..../......

Today I am blessed and grateful for....

_____

_____

_____

_____

3 small victories you had today

_____

_____

_____

DAY 168

M	T	W	T	F	S	S

..../..../......

Today I am blessed and grateful for....

_____

_____

_____

_____

Something you did today to make yourself feel good

_____

_____

_____

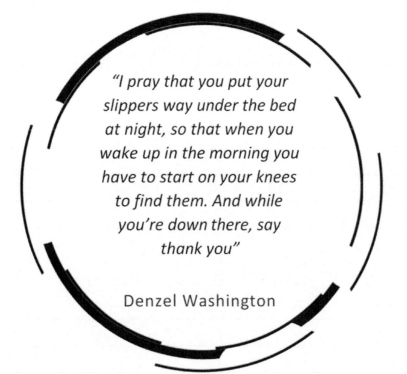

"I pray that you put your slippers way under the bed at night, so that when you wake up in the morning you have to start on your knees to find them. And while you're down there, say thank you"

Denzel Washington

DAY **169** | M | T | W | T | F | S | S |

..../..../......

Today I am blessed and grateful for....

_____

_____

_____

_____

A moment which made you laugh today

_____

_____

_____

DAY **170** | M | T | W | T | F | S | S |

..../..../......

Today I am blessed and grateful for....

_____

_____

_____

_____

Your favourite scent from today

_____

_____

_____

DAY **171** | M | T | W | T | F | S | S |

..../..../......

Today I am blessed and grateful for....

_____

_____

_____

_____

A song you enjoyed listening to today

_____

_____

_____

DAY **172** | M | T | W | T | F | S | S |

..../..../......

Today I am blessed and grateful for....

_____

_____

_____

_____

A person you thought of fondly today

_____

_____

_____

DAY **173** | M | T | W | T | F | S | S |

..../..../......

Today I am blessed and grateful for....

_____

_____

_____

_____

Someone you helped today

_____

_____

_____

DAY **174** | M | T | W | T | F | S | S |

..../..../......

Today I am blessed and grateful for....

_____

_____

_____

_____

What food you liked eating today

_____

_____

_____

DAY 175

| M | T | W | T | F | S | S |

..../...../......

Today I am blessed and grateful for....

_____

_____

_____

_____

A good memory you thought of today

_____

_____

_____

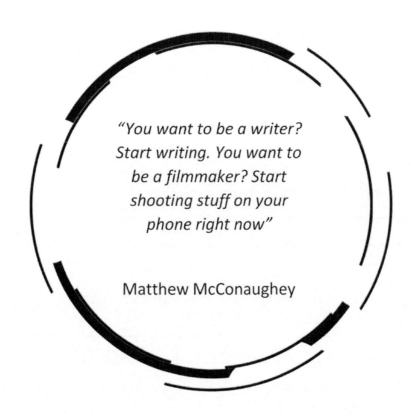

*"You want to be a writer?
Start writing. You want to
be a filmmaker? Start
shooting stuff on your
phone right now"*

Matthew McConaughey

DAY **176** | M | T | W | T | F | S | S |

..../..../......

Today I am blessed and grateful for....

_____

_____

_____

_____

Compliment you received or gave

_____

_____

_____

DAY **177** | M | T | W | T | F | S | S |

..../..../......

Today I am blessed and grateful for....

_____

_____

_____

_____

Something new you learned today

_____

_____

_____

DAY **178** | M | T | W | T | F | S | S |

…./…./……

Today I am blessed and grateful for….

_____

_____

_____

_____

Something interesting you read today

_____

_____

_____

DAY **179** | M | T | W | T | F | S | S |

…./…./……

Today I am blessed and grateful for….

_____

_____

_____

_____

A friend you spoke to today

_____

_____

_____

DAY **180** | M | T | W | T | F | S | S |

..../..../......

Today I am blessed and grateful for....

_____
_____
_____
_____

A positive/happy thought you had today

_____
_____
_____

DAY **181** | M | T | W | T | F | S | S |

..../..../......

Today I am blessed and grateful for....

_____
_____
_____
_____

3 small victories you had today

_____
_____
_____

Time to Reflect

Let's take a moment to pause and reflect back on the last 30 days or so and put pen to paper on your journey so far.

What have been your favourite moments?

_____
_____
_____

What have you learned?

_____
_____
_____

Write down 5 things to do more often.

_____
_____
_____
_____

Write down 5 things to do less often.

_____
_____
_____
_____

What are you looking forward to?

_____
_____
_____
_____

Your thoughts...

_____
_____
_____
_____
_____
_____

DAY 182

| M | T | W | T | F | S | S |

..../..../......

Today I am blessed and grateful for....

_____

_____

_____

_____

Something you did today to make yourself feel good

_____

_____

_____

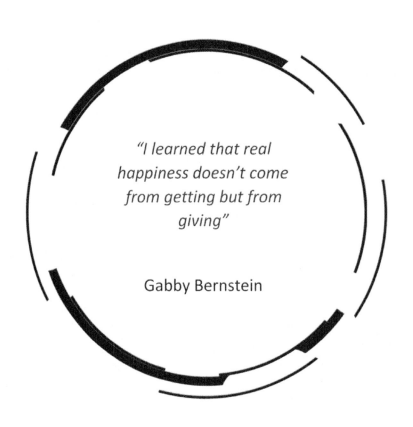

"I learned that real happiness doesn't come from getting but from giving"

Gabby Bernstein

DAY **183** | M | T | W | T | F | S | S |

…./…./……

Today I am blessed and grateful for....

_____
_____
_____
_____

A moment which made you laugh today

_____
_____
_____

DAY **184** | M | T | W | T | F | S | S |

…./…./……

Today I am blessed and grateful for....

_____
_____
_____
_____

Your favourite scent from today

_____
_____
_____

DAY **185** M T W T F S S

..../..../......

Today I am blessed and grateful for....

_____
_____
_____
_____

A song you enjoyed listening to today

_____
_____
_____

DAY **186** M T W T F S S

..../..../......

Today I am blessed and grateful for....

_____
_____
_____
_____

A person you thought of fondly today

_____
_____
_____

DAY **187** | M | T | W | T | F | S | S |

..../..../......

Today I am blessed and grateful for....

_____

_____

_____

_____

Someone you helped today

_____

_____

_____

DAY **188** | M | T | W | T | F | S | S |

..../..../......

Today I am blessed and grateful for....

_____

_____

_____

_____

What food you liked eating today

_____

_____

_____

DAY **189** | M | T | W | T | F | S | S |

..../..../......

Today I am blessed and grateful for....

_____
_____
_____
_____

A good memory you thought of today

_____
_____
_____

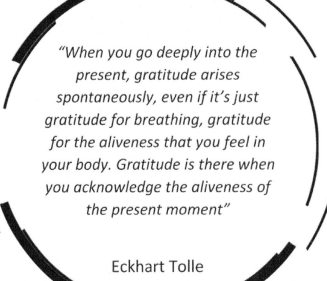

"When you go deeply into the present, gratitude arises spontaneously, even if it's just gratitude for breathing, gratitude for the aliveness that you feel in your body. Gratitude is there when you acknowledge the aliveness of the present moment"

Eckhart Tolle

DAY **190** | M | T | W | T | F | S | S |

..../..../......

Today I am blessed and grateful for....

_____
_____
_____
_____

Compliment you received or gave

_____
_____
_____

DAY **191** | M | T | W | T | F | S | S |

..../..../......

Today I am blessed and grateful for....

_____
_____
_____
_____

Something new you learned today

_____
_____
_____

DAY **192** | M | T | W | T | F | S | S |

..../..../......

Today I am blessed and grateful for....

_____

_____

_____

_____

Something interesting you read today

_____

_____

_____

DAY **193** | M | T | W | T | F | S | S |

..../..../......

Today I am blessed and grateful for....

_____

_____

_____

_____

A friend you spoke to today

_____

_____

_____

DAY **194** | M | T | W | T | F | S | S |

..../..../......

Today I am blessed and grateful for....

_____

_____

_____

_____

A positive/happy thought you had today

_____

_____

_____

DAY **195** | M | T | W | T | F | S | S |

..../..../......

Today I am blessed and grateful for....

_____

_____

_____

_____

3 small victories you had today

_____

_____

_____

DAY **196** | M | T | W | T | F | S | S |

..../..../......

Today I am blessed and grateful for....

_____

_____

_____

_____

Something you did today to make yourself feel good

_____

_____

_____

"The first step toward discarding a scarcity mentality involves giving thanks for everything that you have"

Dr. Wayne W. Dyer

DAY **197** | M | T | W | T | F | S | S |

..../..../......

Today I am blessed and grateful for....

_____
_____
_____
_____

A moment which made you laugh today

_____
_____
_____

DAY **198** | M | T | W | T | F | S | S |

..../..../......

Today I am blessed and grateful for....

_____
_____
_____
_____

Your favourite scent from today

_____
_____
_____

DAY **199** | M | T | W | T | F | S | S |

..../..../......

Today I am blessed and grateful for....

_____

_____

_____

_____

A song you enjoyed listening to today

_____

_____

_____

DAY **200** | M | T | W | T | F | S | S |

..../..../......

Today I am blessed and grateful for....

_____

_____

_____

_____

A person you thought of fondly today

_____

_____

_____

DAY **201** | M | T | W | T | F | S | S |

..../..../......

Today I am blessed and grateful for....

_____
_____
_____
_____

Someone you helped today

_____
_____
_____

DAY **202** | M | T | W | T | F | S | S |

..../..../......

Today I am blessed and grateful for....

_____
_____
_____
_____

What food you liked eating today

_____
_____
_____

DAY 203

M	T	W	T	F	S	S

..../..../......

Today I am blessed and grateful for....

_____

_____

_____

_____

A good memory you thought of today

_____

_____

_____

"I live in the space of thankfulness — and for that, I have been rewarded a million times over. I started out giving thanks for small things, and the more thankful I became, the more my bounty increased. That's because — for sure — what you focus on expands. When you focus on the goodness in life, you create more of it"

Oprah Winfrey

DAY **204** | M | T | W | T | F | S | S |

…../…../…….

Today I am blessed and grateful for….

_____
_____
_____
_____

Compliment you received or gave

_____
_____
_____

DAY **205** | M | T | W | T | F | S | S |

…../…../…….

Today I am blessed and grateful for….

_____
_____
_____
_____

Something new you learned today

_____
_____
_____

DAY **206** | M | T | W | T | F | S | S |

..../..../......

Today I am blessed and grateful for....

_____

_____

_____

_____

Something interesting you read today

_____

_____

_____

DAY **207** | M | T | W | T | F | S | S |

..../..../......

Today I am blessed and grateful for....

_____

_____

_____

_____

A friend you spoke to today

_____

_____

_____

DAY **208** | M | T | W | T | F | S | S |

..../..../......

Today I am blessed and grateful for....

_____
_____
_____
_____

A positive/happy thought you had today

_____
_____
_____

DAY **209** | M | T | W | T | F | S | S |

..../..../......

Today I am blessed and grateful for....

_____
_____
_____
_____

3 small victories you had today

_____
_____
_____

DAY **210** | M | T | W | T | F | S | S |

..../..../......

Today I am blessed and grateful for....

_____

_____

_____

_____

Something you did today to make yourself feel good

_____

_____

_____

*"Faith and fear both
demand you believe in
something you cannot see.
You choose!"*

Bob Proctor

Time to Reflect

Let's take a moment to pause and reflect back on the last 30 days or so and put pen to paper on your journey so far.

What have been your favourite moments?

_____
_____
_____

What have you learned?

_____
_____
_____

Write down 5 things to do more often.

_____
_____
_____
_____

Write down 5 things to do less often.

_____
_____
_____
_____

What are you looking forward to?

_____
_____
_____
_____

Your thoughts...

_____
_____
_____
_____
_____
_____
_____

DAY **211** | M | T | W | T | F | S | S |

..../..../......

Today I am blessed and grateful for....

_____

_____

_____

_____

A moment which made you laugh today

_____

_____

_____

DAY **212** | M | T | W | T | F | S | S |

..../..../......

Today I am blessed and grateful for....

_____

_____

_____

_____

Your favourite scent from today

_____

_____

_____

DAY **213** | M | T | W | T | F | S | S |

..../..../......

Today I am blessed and grateful for....

_____

_____

_____

_____

A song you enjoyed listening to today

_____

_____

_____

DAY **214** | M | T | W | T | F | S | S |

..../..../......

Today I am blessed and grateful for....

_____

_____

_____

_____

A person you thought of fondly today

_____

_____

_____

DAY **215** | M | T | W | T | F | S | S |

..../..../......

Today I am blessed and grateful for....

_____

_____

_____

_____

Someone you helped today

_____

_____

_____

DAY **216** | M | T | W | T | F | S | S |

..../..../......

Today I am blessed and grateful for....

_____

_____

_____

_____

What food you liked eating today

_____

_____

_____

DAY 217

M	T	W	T	F	S	S

..…/..…/..…..

Today I am blessed and grateful for….

_____

_____

_____

_____

A good memory you thought of today

_____

_____

_____

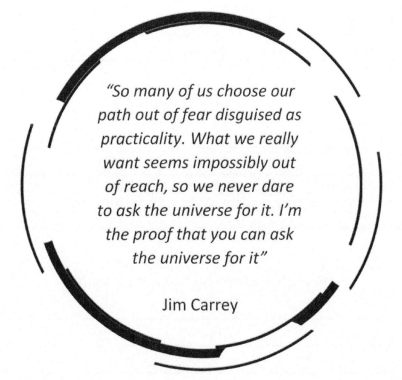

"So many of us choose our path out of fear disguised as practicality. What we really want seems impossibly out of reach, so we never dare to ask the universe for it. I'm the proof that you can ask the universe for it"

Jim Carrey

DAY **218** | M | T | W | T | F | S | S |

..../..../......

Today I am blessed and grateful for....

_____
_____
_____
_____

Compliment you received or gave

_____
_____
_____

DAY **219** | M | T | W | T | F | S | S |

..../..../......

Today I am blessed and grateful for....

_____
_____
_____
_____

Something new you learned today

_____
_____
_____

DAY **220** | M | T | W | T | F | S | S |

..../..../......

Today I am blessed and grateful for....

_____

_____

_____

_____

Something interesting you read today

_____

_____

DAY **221** | M | T | W | T | F | S | S |

..../..../......

Today I am blessed and grateful for....

_____

_____

_____

_____

A friend you spoke to today

_____

_____

_____

DAY **222** | M | T | W | T | F | S | S |

..../..../......

Today I am blessed and grateful for....

_____
_____
_____
_____

A positive/happy thought you had today

_____
_____
_____

DAY **223** | M | T | W | T | F | S | S |

..../..../......

Today I am blessed and grateful for....

_____
_____
_____
_____

3 small victories you had today

_____
_____
_____

DAY **224** | M | T | W | T | F | S | S |

..../..../......

Today I am blessed and grateful for....

_____

_____

_____

_____

Something you did today to make yourself feel good

_____

_____

_____

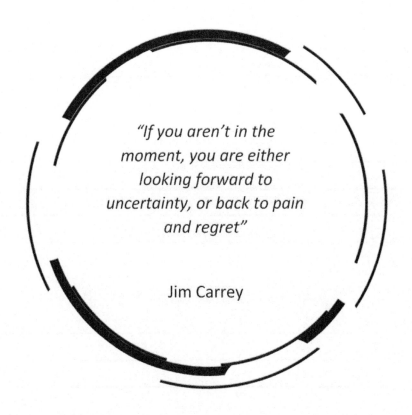

"If you aren't in the
moment, you are either
looking forward to
uncertainty, or back to pain
and regret"

Jim Carrey

DAY **225** | M | T | W | T | F | S | S |

..../..../......

Today I am blessed and grateful for....

_____
_____
_____
_____

A moment which made you laugh today

_____
_____
_____

DAY **226** | M | T | W | T | F | S | S |

..../..../......

Today I am blessed and grateful for....

_____
_____
_____
_____

Your favourite scent from today

_____
_____
_____

DAY **227** | M | T | W | T | F | S | S |

..../..../......

Today I am blessed and grateful for....

_____
_____
_____
_____

A song you enjoyed listening to today

_____
_____
_____

DAY **228** | M | T | W | T | F | S | S |

..../..../......

Today I am blessed and grateful for....

_____
_____
_____
_____

A person you thought of fondly today

_____
_____
_____

DAY **229** | M | T | W | T | F | S | S |

..../..../......

Today I am blessed and grateful for....

_____
_____
_____
_____

Someone you helped today

_____
_____
_____

DAY **230** | M | T | W | T | F | S | S |

..../..../......

Today I am blessed and grateful for....

_____
_____
_____
_____

What food you liked eating today

_____
_____
_____

DAY **231** | M | T | W | T | F | S | S |

..../...../.......

Today I am blessed and grateful for....

_____

_____

_____

_____

A good memory you thought of today

_____

_____

_____

"We dissect failure a lot more than we dissect success"

Matthew McConaughey

DAY **232** | M | T | W | T | F | S | S |

..../..../......

Today I am blessed and grateful for....

_____

_____

_____

_____

Compliment you received or gave

_____

_____

_____

DAY **233** | M | T | W | T | F | S | S |

..../..../......

Today I am blessed and grateful for....

_____

_____

_____

_____

Something new you learned today

_____

_____

_____

DAY **234** | M | T | W | T | F | S | S |

..../..../......

Today I am blessed and grateful for....

_____

_____

_____

_____

Something interesting you read today

_____

_____

_____

DAY **235** | M | T | W | T | F | S | S |

..../..../......

Today I am blessed and grateful for....

_____

_____

_____

_____

A friend you spoke to today

_____

_____

_____

DAY **236** | M | T | W | T | F | S | S |

..../..../......

Today I am blessed and grateful for....

_____
_____
_____
_____

A positive/happy thought you had today

_____
_____
_____

DAY **237** | M | T | W | T | F | S | S |

..../..../......

Today I am blessed and grateful for....

_____
_____
_____
_____

3 small victories you had today

_____
_____
_____

DAY **238** | M | T | W | T | F | S | S |

..../..../......

Today I am blessed and grateful for....

_____

_____

_____

_____

Something you did today to make yourself feel good

_____

_____

_____

"When you do good, you get good! Fulfilment comes from serving others, not just hustling to serve yourself. On the path to success, there is always going to be an opportunity to help someone else be successful too. Take that opportunity, and be the kind of person who makes a difference in the lives of others"

Denzel Washington

DAY **239** | M | T | W | T | F | S | S |

..../..../......

Today I am blessed and grateful for....

_____
_____
_____
_____

A moment which made you laugh today

_____
_____
_____

DAY **240** | M | T | W | T | F | S | S |

..../..../......

Today I am blessed and grateful for....

_____
_____
_____
_____

Your favourite scent from today

_____
_____
_____

Time to Reflect

Let's take a moment to pause and reflect back on the last 30 days or so and put pen to paper on your journey so far.

What have been your favourite moments?

_____
_____
_____

What have you learned?

_____
_____
_____

Write down 5 things to do more often.

_____
_____
_____
_____

Write down 5 things to do less often.

_____
_____
_____
_____

What are you looking forward to?

_____
_____
_____
_____

Your thoughts...

_____
_____
_____
_____
_____
_____

DAY **241** | M | T | W | T | F | S | S |

..../..../......

Today I am blessed and grateful for....

_____

_____

_____

_____

A song you enjoyed listening to today

_____

_____

_____

DAY **242** | M | T | W | T | F | S | S |

..../..../......

Today I am blessed and grateful for....

_____

_____

_____

_____

A person you thought of fondly today

_____

_____

_____

DAY **243** | M | T | W | T | F | S | S |

..../..../......

Today I am blessed and grateful for....

_____
_____
_____
_____

Someone you helped today

_____
_____
_____

DAY **244** | M | T | W | T | F | S | S |

..../..../......

Today I am blessed and grateful for....

_____
_____
_____
_____

What food you liked eating today

_____
_____
_____

DAY 245

M	T	W	T	F	S	S

..../..../......

Today I am blessed and grateful for....

_____

_____

_____

_____

A good memory you thought of today

_____

_____

_____

"Appreciate what you have now, and you'll attract what you want"

Gabby Bernstein

DAY 246 | M | T | W | T | F | S | S |

..../..../......

Today I am blessed and grateful for....

_____
_____
_____
_____

Compliment you received or gave

_____
_____
_____

DAY 247 | M | T | W | T | F | S | S |

..../..../......

Today I am blessed and grateful for....

_____
_____
_____
_____

Something new you learned today

_____
_____
_____

DAY **248** | M | T | W | T | F | S | S |

..../..../......

Today I am blessed and grateful for....

_____
_____
_____
_____

Something interesting you read today

_____
_____
_____

DAY **249** | M | T | W | T | F | S | S |

..../..../......

Today I am blessed and grateful for....

_____
_____
_____
_____

A friend you spoke to today

_____
_____
_____

DAY **250** | M | T | W | T | F | S | S |

..../..../......

Today I am blessed and grateful for....

_____
_____
_____
_____

A positive/happy thought you had today

_____
_____
_____

DAY **251** | M | T | W | T | F | S | S |

..../..../......

Today I am blessed and grateful for....

_____
_____
_____
_____

3 small victories you had today

_____
_____
_____

DAY 252

| M | T | W | T | F | S | S |

..../..../......

Today I am blessed and grateful for....

_____

_____

_____

_____

Something you did today to make yourself feel good

_____

_____

_____

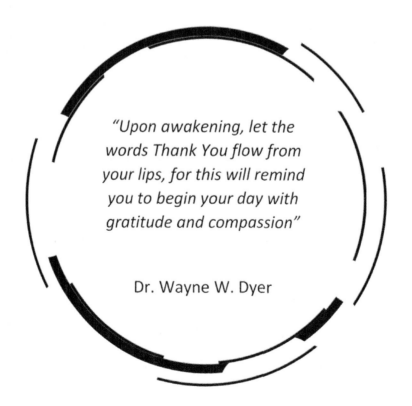

"Upon awakening, let the words Thank You flow from your lips, for this will remind you to begin your day with gratitude and compassion"

Dr. Wayne W. Dyer

DAY **253** | M | T | W | T | F | S | S |

..../..../......

Today I am blessed and grateful for....

_____
_____
_____
_____

A moment which made you laugh today

_____
_____
_____

DAY **254** | M | T | W | T | F | S | S |

..../..../......

Today I am blessed and grateful for....

_____
_____
_____
_____

Your favourite scent from today

_____
_____
_____

DAY **255** | M | T | W | T | F | S | S |

..../..../......

Today I am blessed and grateful for....

_____

_____

_____

_____

A song you enjoyed listening to today

_____

_____

_____

DAY **256** | M | T | W | T | F | S | S |

..../..../......

Today I am blessed and grateful for....

_____

_____

_____

_____

A person you thought of fondly today

_____

_____

_____

DAY **257** | M | T | W | T | F | S | S |

..../..../......

Today I am blessed and grateful for....

_____
_____
_____
_____

Someone you helped today

_____
_____
_____

DAY **258** | M | T | W | T | F | S | S |

..../..../......

Today I am blessed and grateful for....

_____
_____
_____
_____

What food you liked eating today

_____
_____
_____

DAY 259

M	T	W	T	F	S	S

..../..../......

Today I am blessed and grateful for....

_____

_____

_____

_____

A good memory you thought of today

_____

_____

_____

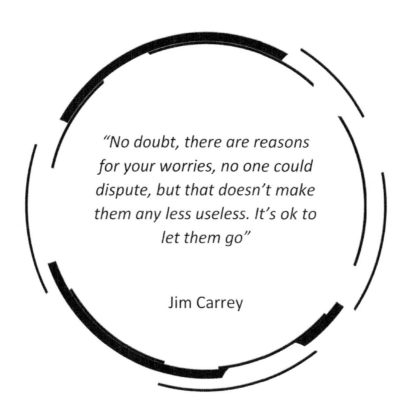

"No doubt, there are reasons for your worries, no one could dispute, but that doesn't make them any less useless. It's ok to let them go"

Jim Carrey

DAY **260** | M | T | W | T | F | S | S |

..../..../......

Today I am blessed and grateful for....

_____
_____
_____
_____

Compliment you received or gave

_____
_____
_____

DAY **261** | M | T | W | T | F | S | S |

..../..../......

Today I am blessed and grateful for....

_____
_____
_____
_____

Something new you learned today

_____
_____
_____

DAY **262** | M | T | W | T | F | S | S |

..../..../......

Today I am blessed and grateful for....

_____

_____

_____

_____

Something interesting you read today

_____

_____

_____

DAY **263** | M | T | W | T | F | S | S |

..../..../......

Today I am blessed and grateful for....

_____

_____

_____

_____

A friend you spoke to today

_____

_____

_____

DAY **264** | M | T | W | T | F | S | S |

..../..../......

Today I am blessed and grateful for....

_____
_____
_____
_____

A positive/happy thought you had today

_____
_____
_____

DAY **265** | M | T | W | T | F | S | S |

..../..../......

Today I am blessed and grateful for....

_____
_____
_____
_____

3 small victories you had today

_____
_____
_____

DAY **266**

M	T	W	T	F	S	S

..../..../......

Today I am blessed and grateful for....

_____

_____

_____

_____

Something you did today to make yourself feel good

_____

_____

_____

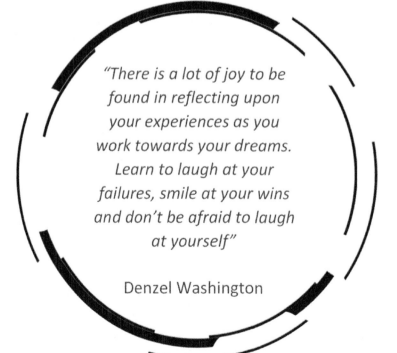

"There is a lot of joy to be found in reflecting upon your experiences as you work towards your dreams. Learn to laugh at your failures, smile at your wins and don't be afraid to laugh at yourself"

Denzel Washington

DAY **267** | M | T | W | T | F | S | S |

..../..../......

Today I am blessed and grateful for....

_____
_____
_____
_____

A moment which made you laugh today

_____
_____
_____

DAY **268** | M | T | W | T | F | S | S |

..../..../......

Today I am blessed and grateful for....

_____
_____
_____
_____

Your favourite scent from today

_____
_____
_____

DAY **269** | M | T | W | T | F | S | S |

..../..../......

Today I am blessed and grateful for....

_____
_____
_____
_____

A song you enjoyed listening to today

_____
_____
_____

DAY **270** | M | T | W | T | F | S | S |

..../..../......

Today I am blessed and grateful for....

_____
_____
_____
_____

A person you thought of fondly today

_____
_____
_____

Time to Reflect

Let's take a moment to pause and reflect back on the last 30 days or so and put pen to paper on your journey so far.

What have been your favourite moments?

_____
_____
_____

What have you learned?

_____
_____
_____

Write down 5 things to do more often.

_____
_____
_____
_____

Write down 5 things to do less often.

_____
_____
_____
_____

What are you looking forward to?

_____
_____
_____
_____

Your thoughts...

_____
_____
_____
_____
_____
_____

DAY **271** | M | T | W | T | F | S | S |

…./…./……

Today I am blessed and grateful for….

_____
_____
_____
_____

Someone you helped today

_____
_____
_____

DAY **272** | M | T | W | T | F | S | S |

…./…./……

Today I am blessed and grateful for….

_____
_____
_____
_____

What food you liked eating today

_____
_____
_____

DAY 273

| M | T | W | T | F | S | S |

..../..../......

Today I am blessed and grateful for....

_____

_____

_____

_____

A good memory you thought of today

_____

_____

_____

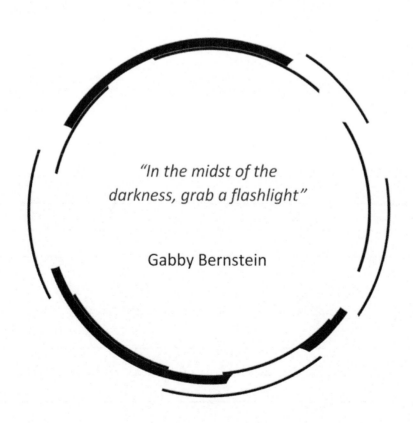

"In the midst of the darkness, grab a flashlight"

Gabby Bernstein

DAY **274** | M | T | W | T | F | S | S |

..../..../......

Today I am blessed and grateful for....

_____

_____

_____

_____

Compliment you received or gave

_____

_____

_____

DAY **275** | M | T | W | T | F | S | S |

..../..../......

Today I am blessed and grateful for....

_____

_____

_____

_____

Something new you learned today

_____

_____

_____

DAY **276** | M | T | W | T | F | S | S |

..../..../......

Today I am blessed and grateful for....

_____
_____
_____
_____

Something interesting you read today

_____
_____
_____

DAY **277** | M | T | W | T | F | S | S |

..../..../......

Today I am blessed and grateful for....

_____
_____
_____
_____

A friend you spoke to today

_____
_____
_____

DAY **278** | M | T | W | T | F | S | S |

..../..../......

Today I am blessed and grateful for....

_____

_____

_____

_____

A positive/happy thought you had today

_____

_____

_____

DAY **279** | M | T | W | T | F | S | S |

..../..../......

Today I am blessed and grateful for....

_____

_____

_____

_____

3 small victories you had today

_____

_____

_____

DAY 280

| M | T | W | T | F | S | S |

..../..../......

Today I am blessed and grateful for....

_____

_____

_____

_____

Something you did today to make yourself feel good

_____

_____

_____

"Thoughts become things. If you see it in your mind, you will hold it in your hand"

Bob Proctor

DAY **281** | M | T | W | T | F | S | S |

..... / ..... / ......

Today I am blessed and grateful for....

_____

_____

_____

_____

A moment which made you laugh today

_____

_____

_____

DAY **282** | M | T | W | T | F | S | S |

..... / ..... / ......

Today I am blessed and grateful for....

_____

_____

_____

_____

Your favourite scent from today

_____

_____

_____

DAY **283** | M | T | W | T | F | S | S |

..../..../......

Today I am blessed and grateful for....

_____

_____

_____

_____

A song you enjoyed listening to today

_____

_____

_____

DAY **284** | M | T | W | T | F | S | S |

..../..../......

Today I am blessed and grateful for....

_____

_____

_____

_____

A person you thought of fondly today

_____

_____

_____

DAY **285** | M | T | W | T | F | S | S |

..../..../......

Today I am blessed and grateful for....

_____
_____
_____
_____

Someone you helped today

_____
_____
_____

DAY **286** | M | T | W | T | F | S | S |

..../..../......

Today I am blessed and grateful for....

_____
_____
_____
_____

What food you liked eating today

_____
_____
_____

DAY **287** ☐ M ☐ T ☐ W ☐ T ☐ F ☐ S ☐ S

..../..../......

Today I am blessed and grateful for....

_____

_____

_____

_____

A good memory you thought of today

_____

_____

_____

"Being grateful all the time isn't easy. But it's when you least feel thankful that you are most in need of what gratitude can give you: perspective. Gratitude can transform any situation. It alters your vibration, moving you from negative energy to positive. It's the quickest, easiest most powerful way to effect change in your life — this I know for sure"

Oprah Winfrey

DAY **288** | M | T | W | T | F | S | S |

..../..../......

Today I am blessed and grateful for....

_____
_____
_____
_____

Compliment you received or gave

_____
_____
_____

DAY **289** | M | T | W | T | F | S | S |

..../..../......

Today I am blessed and grateful for....

_____
_____
_____
_____

Something new you learned today

_____
_____
_____

DAY **290** | M | T | W | T | F | S | S |

..../..../.......

Today I am blessed and grateful for....

_____
_____
_____
_____

Something interesting you read today

_____
_____
_____

DAY **291** | M | T | W | T | F | S | S |

..../..../.......

Today I am blessed and grateful for....

_____
_____
_____
_____

A friend you spoke to today

_____
_____
_____

DAY **292** | M | T | W | T | F | S | S |

..../..../......

Today I am blessed and grateful for....

_____
_____
_____
_____

A positive/happy thought you had today

_____
_____
_____

DAY **293** | M | T | W | T | F | S | S |

..../..../......

Today I am blessed and grateful for....

_____
_____
_____
_____

3 small victories you had today

_____
_____
_____

DAY 294

| M | T | W | T | F | S | S |

..../..../......

Today I am blessed and grateful for....

_____

_____

_____

_____

Something you did today to make yourself feel good

_____

_____

_____

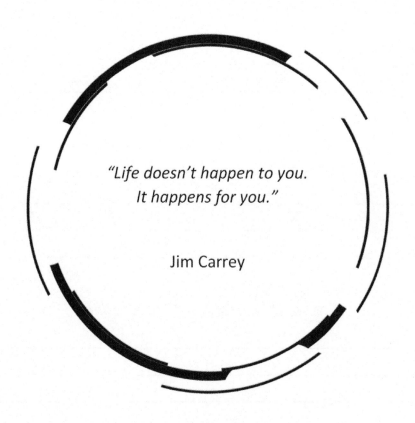

*"Life doesn't happen to you.
It happens for you."*

Jim Carrey

DAY **295** | M | T | W | T | F | S | S |

..../..../......

Today I am blessed and grateful for....

_____
_____
_____
_____

A moment which made you laugh today

_____
_____
_____

DAY **296** | M | T | W | T | F | S | S |

..../..../......

Today I am blessed and grateful for....

_____
_____
_____
_____

Your favourite scent from today

_____
_____
_____

DAY **297** | M | T | W | T | F | S | S |

..../..../......

Today I am blessed and grateful for....

_____
_____
_____
_____

A song you enjoyed listening to today

_____
_____
_____

DAY **298** | M | T | W | T | F | S | S |

..../..../......

Today I am blessed and grateful for....

_____
_____
_____
_____

A person you thought of fondly today

_____
_____
_____

DAY **299** | M | T | W | T | F | S | S |

..../..../......

Today I am blessed and grateful for....

_____

_____

_____

_____

Someone you helped today

_____

_____

_____

DAY **300** | M | T | W | T | F | S | S |

..../..../......

Today I am blessed and grateful for....

_____

_____

_____

_____

What food you liked eating today

_____

_____

_____

Time to Reflect

Let's take a moment to pause and reflect back on the last 30 days or so and put pen to paper on your journey so far.

What have been your favourite moments?

_____

_____

_____

What have you learned?

_____

_____

_____

Write down 5 things to do more often.

_____

_____

_____

_____

Write down 5 things to do less often.

_____

_____

_____

_____

What are you looking forward to?

_____

_____

_____

_____

Your thoughts...

_____

_____

_____

_____

_____

_____

_____

DAY 301

M	T	W	T	F	S	S

…../…../…...

Today I am blessed and grateful for….

_____

_____

_____

_____

A good memory you thought of today

_____

_____

_____

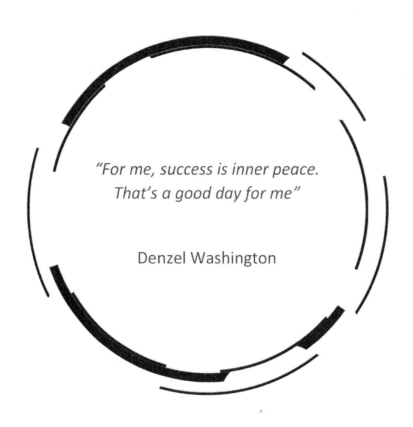

*"For me, success is inner peace.
That's a good day for me"*

Denzel Washington

DAY **302** | M | T | W | T | F | S | S |

..../..../......

Today I am blessed and grateful for....

_____

_____

_____

_____

Compliment you received or gave

_____

_____

_____

DAY **303** | M | T | W | T | F | S | S |

..../..../......

Today I am blessed and grateful for....

_____

_____

_____

_____

Something new you learned today

_____

_____

_____

DAY **304** | M | T | W | T | F | S | S |

..../..../......

Today I am blessed and grateful for....

_____
_____
_____
_____

Something interesting you read today

_____
_____
_____

DAY **305** | M | T | W | T | F | S | S |

..../..../......

Today I am blessed and grateful for....

_____
_____
_____
_____

A friend you spoke to today

_____
_____
_____

DAY **306** | M | T | W | T | F | S | S |

..../..../......

Today I am blessed and grateful for....

_____
_____
_____
_____

A positive/happy thought you had today

_____
_____
_____

DAY **307** | M | T | W | T | F | S | S |

..../..../......

Today I am blessed and grateful for....

_____
_____
_____
_____

3 small victories you had today

_____
_____
_____

DAY **308**

M	T	W	T	F	S	S

...../...../.......

Today I am blessed and grateful for....

_____

_____

_____

_____

Something you did today to make yourself feel good

_____

_____

_____

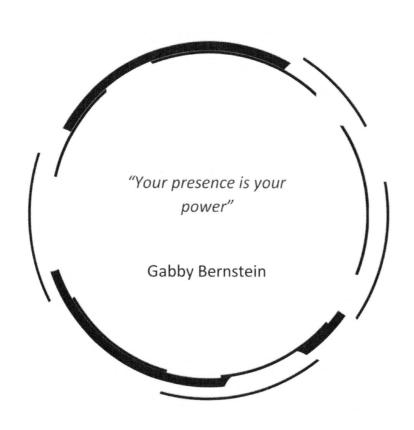

"Your presence is your power"

Gabby Bernstein

DAY **309** | M | T | W | T | F | S | S |

..../..../......

Today I am blessed and grateful for....

_____
_____
_____
_____

A moment which made you laugh today

_____
_____
_____

DAY **310** | M | T | W | T | F | S | S |

..../..../......

Today I am blessed and grateful for....

_____
_____
_____
_____

Your favourite scent from today

_____
_____
_____

DAY **311** | M | T | W | T | F | S | S |

..../..../......

Today I am blessed and grateful for....

_____

_____

_____

_____

A song you enjoyed listening to today

_____

_____

_____

DAY **312** | M | T | W | T | F | S | S |

..../..../......

Today I am blessed and grateful for....

_____

_____

_____

_____

A person you thought of fondly today

_____

_____

_____

DAY **313** | M | T | W | T | F | S | S |

..../..../......

Today I am blessed and grateful for....

_____
_____
_____
_____

Someone you helped today

_____
_____
_____

DAY **314** | M | T | W | T | F | S | S |

..../..../......

Today I am blessed and grateful for....

_____
_____
_____
_____

What food you liked eating today

_____
_____
_____

DAY 315

M	T	W	T	F	S	S

..../..../......

Today I am blessed and grateful for....

_____

_____

_____

_____

A good memory you thought of today

_____

_____

_____

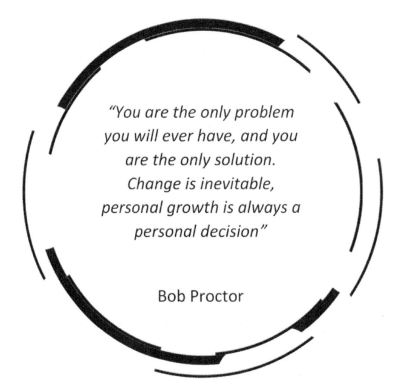

"You are the only problem you will ever have, and you are the only solution. Change is inevitable, personal growth is always a personal decision"

Bob Proctor

DAY **316** | M | T | W | T | F | S | S |

..../..../.......

Today I am blessed and grateful for....

_____
_____
_____
_____

Compliment you received or gave

_____
_____
_____

DAY **317** | M | T | W | T | F | S | S |

..../..../.......

Today I am blessed and grateful for....

_____
_____
_____
_____

Something new you learned today

_____
_____
_____

DAY **318** | M | T | W | T | F | S | S |

..../..../......

Today I am blessed and grateful for....

_____
_____
_____
_____

Something interesting you read today

_____
_____
_____

DAY **319** | M | T | W | T | F | S | S |

..../..../......

Today I am blessed and grateful for....

_____
_____
_____
_____

A friend you spoke to today

_____
_____
_____

DAY **320** | M | T | W | T | F | S | S |

..../..../......

Today I am blessed and grateful for....

_____
_____
_____
_____

A positive/happy thought you had today

_____
_____
_____

DAY **321** | M | T | W | T | F | S | S |

..../..../......

Today I am blessed and grateful for....

_____
_____
_____
_____

3 small victories you had today

_____
_____
_____

DAY **322** | M | T | W | T | F | S | S |

..../..../......

Today I am blessed and grateful for....

_____

_____

_____

_____

Something you did today to make yourself feel good

_____

_____

_____

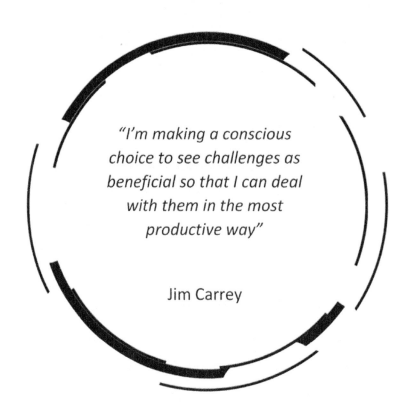

"I'm making a conscious choice to see challenges as beneficial so that I can deal with them in the most productive way"

Jim Carrey

DAY 323 | M | T | W | T | F | S | S |

..../..../.......

Today I am blessed and grateful for....

_____

_____

_____

_____

A moment which made you laugh today

_____

_____

_____

DAY 324 | M | T | W | T | F | S | S |

..../..../.......

Today I am blessed and grateful for....

_____

_____

_____

_____

Your favourite scent from today

_____

_____

_____

DAY **325** | M | T | W | T | F | S | S |

..../..../......

Today I am blessed and grateful for....

_____
_____
_____
_____

A song you enjoyed listening to today

_____
_____
_____

DAY **326** | M | T | W | T | F | S | S |

..../..../......

Today I am blessed and grateful for....

_____
_____
_____
_____

A person you thought of fondly today

_____
_____
_____

DAY **327** | M | T | W | T | F | S | S |

..../..../......

Today I am blessed and grateful for....

_____
_____
_____
_____

Someone you helped today

_____
_____
_____

DAY **328** | M | T | W | T | F | S | S |

..../..../......

Today I am blessed and grateful for....

_____
_____
_____
_____

What food you liked eating today

_____
_____
_____

DAY **329** | M | T | W | T | F | S | S |

..../..../......

Today I am blessed and grateful for....

A good memory you thought of today

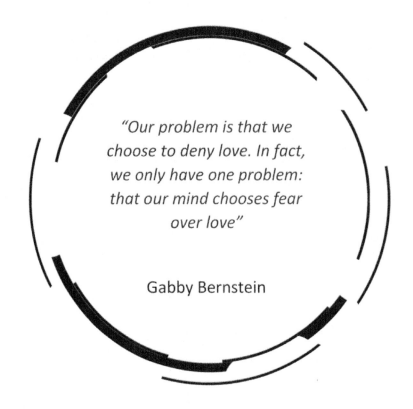

"Our problem is that we choose to deny love. In fact, we only have one problem: that our mind chooses fear over love"

Gabby Bernstein

DAY **330** | M | T | W | T | F | S | S |

..../..../.......

Today I am blessed and grateful for....

_____
_____
_____
_____

Compliment you received or gave

_____
_____
_____

DAY **331** | M | T | W | T | F | S | S |

..../..../.......

Today I am blessed and grateful for....

_____
_____
_____
_____

Something new you learned today

_____
_____
_____

Time to Reflect

Let's take a moment to pause and reflect back on the last 30 days or so and put pen to paper on your journey so far.

What have been your favourite moments?

_____

_____

_____

What have you learned?

_____

_____

_____

Write down 5 things to do more often.

_____

_____

_____

_____

Write down 5 things to do less often.

_____

_____

_____

_____

What are you looking forward to?

_____

_____

_____

_____

Your thoughts...

_____

_____

_____

_____

_____

_____

DAY **332** | M | T | W | T | F | S | S |

..../..../......

Today I am blessed and grateful for....

_____
_____
_____
_____

Something interesting you read today

_____
_____
_____

DAY **333** | M | T | W | T | F | S | S |

..../..../......

Today I am blessed and grateful for....

_____
_____
_____
_____

A friend you spoke to today

_____
_____
_____

DAY **334** | M | T | W | T | F | S | S |

..../..../......

Today I am blessed and grateful for....

_____

_____

_____

_____

A positive/happy thought you had today

_____

_____

_____

DAY **335** | M | T | W | T | F | S | S |

..../..../......

Today I am blessed and grateful for....

_____

_____

_____

_____

3 small victories you had today

_____

_____

_____

DAY **336** | M | T | W | T | F | S | S |

..../..../......

Today I am blessed and grateful for....

_____

_____

_____

_____

Something you did today to make yourself feel good

_____

_____

_____

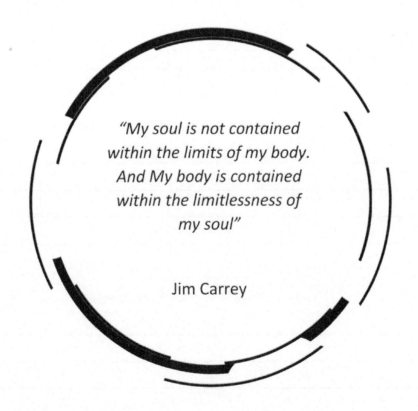

"My soul is not contained within the limits of my body. And My body is contained within the limitlessness of my soul"

Jim Carrey

DAY **337** | M | T | W | T | F | S | S |

..../..../......

Today I am blessed and grateful for....

_____

_____

_____

_____

A moment which made you laugh today

_____

_____

_____

DAY **338** | M | T | W | T | F | S | S |

..../..../......

Today I am blessed and grateful for....

_____

_____

_____

_____

Your favourite scent from today

_____

_____

_____

DAY **339** M T W T F S S

..../..../......

Today I am blessed and grateful for....

_____
_____
_____
_____

A song you enjoyed listening to today

_____
_____
_____

DAY **340** M T W T F S S

..../..../......

Today I am blessed and grateful for....

_____
_____
_____
_____

A person you thought of fondly today

_____
_____
_____

DAY **341** | M | T | W | T | F | S | S |

..../..../......

Today I am blessed and grateful for....

_____

_____

_____

_____

Someone you helped today

_____

_____

_____

DAY **342** | M | T | W | T | F | S | S |

..../..../......

Today I am blessed and grateful for....

_____

_____

_____

_____

What food you liked eating today

_____

_____

_____

DAY **343**

M	T	W	T	F	S	S

..../..../......

Today I am blessed and grateful for....

_____

_____

_____

_____

A good memory you thought of today

_____

_____

_____

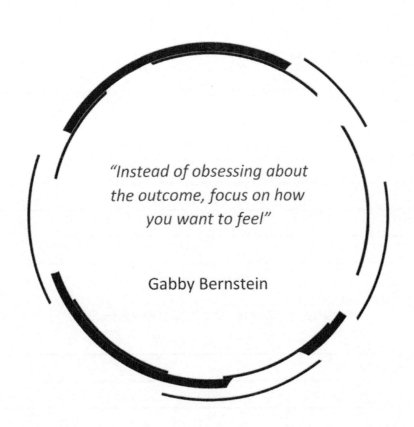

"Instead of obsessing about the outcome, focus on how you want to feel"

Gabby Bernstein

DAY **344** | M | T | W | T | F | S | S |

…./…./……

Today I am blessed and grateful for….

_____
_____
_____
_____

Compliment you received or gave

_____
_____
_____

DAY **345** | M | T | W | T | F | S | S |

…./…./……

Today I am blessed and grateful for….

_____
_____
_____
_____

Something new you learned today

_____
_____
_____

DAY **346** | M | T | W | T | F | S | S |

..../..../......

Today I am blessed and grateful for....

_____

_____

_____

_____

Something interesting you read today

_____

_____

_____

DAY **347** | M | T | W | T | F | S | S |

..../..../......

Today I am blessed and grateful for....

_____

_____

_____

_____

A friend you spoke to today

_____

_____

_____

DAY **348** | M | T | W | T | F | S | S |

..../..../......

Today I am blessed and grateful for....

_____

_____

_____

_____

A positive/happy thought you had today

_____

_____

_____

DAY **349** | M | T | W | T | F | S | S |

..../..../......

Today I am blessed and grateful for....

_____

_____

_____

_____

3 small victories you had today

_____

_____

_____

DAY 350

M T W T F S S

..../..../......

Today I am blessed and grateful for....

_____

_____

_____

_____

Something you did today to make yourself feel good

_____

_____

_____

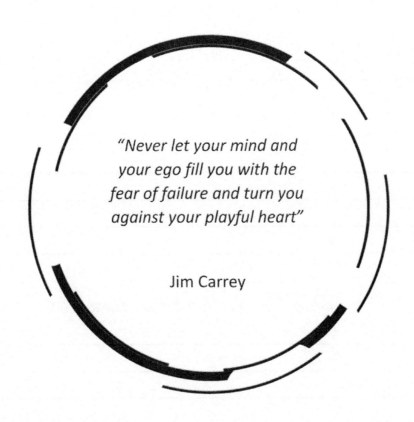

"Never let your mind and your ego fill you with the fear of failure and turn you against your playful heart"

Jim Carrey

DAY **351** | M | T | W | T | F | S | S |

..... / ..... / ......

Today I am blessed and grateful for....

_____

_____

_____

_____

A moment which made you laugh today

_____

_____

_____

DAY **352** | M | T | W | T | F | S | S |

..... / ..... / ......

Today I am blessed and grateful for....

_____

_____

_____

_____

Your favourite scent from today

_____

_____

_____

DAY **353** | M | T | W | T | F | S | S |

..../..../......

Today I am blessed and grateful for....

_____
_____
_____
_____

A song you enjoyed listening to today

_____
_____
_____

DAY **354** | M | T | W | T | F | S | S |

..../..../......

Today I am blessed and grateful for....

_____
_____
_____
_____

A person you thought of fondly today

_____
_____
_____

DAY **355** | M | T | W | T | F | S | S |

..../..../......

Today I am blessed and grateful for....

_____
_____
_____
_____

Someone you helped today

_____
_____
_____

DAY **356** | M | T | W | T | F | S | S |

..../..../......

Today I am blessed and grateful for....

_____
_____
_____
_____

What food you liked eating today

_____
_____
_____

DAY 357 | M | T | W | T | F | S | S |

..../..../......

Today I am blessed and grateful for....

_____
_____
_____
_____

A good memory you thought of today

_____
_____
_____

"When you feel good, you give off a presence of joy that can elevate everyone around you"

Gabby Bernstein

DAY **358** | M | T | W | T | F | S | S |

..../..../.......

Today I am blessed and grateful for....

_____
_____
_____
_____

Compliment you received or gave

_____
_____
_____

DAY **359** | M | T | W | T | F | S | S |

..../..../.......

Today I am blessed and grateful for....

_____
_____
_____
_____

Something new you learned today

_____
_____
_____

DAY **360** | M | T | W | T | F | S | S |

..../..../......

Today I am blessed and grateful for....

_____
_____
_____
_____

Something interesting you read today

_____
_____
_____

DAY **361** | M | T | W | T | F | S | S |

..../..../......

Today I am blessed and grateful for....

_____
_____
_____
_____

A friend you spoke to today

_____
_____
_____

DAY **362** | M | T | W | T | F | S | S |

..../..../......

Today I am blessed and grateful for....

_____
_____
_____
_____

A positive/happy thought you had today

_____
_____
_____

DAY **363** | M | T | W | T | F | S | S |

..../..../......

Today I am blessed and grateful for....

_____
_____
_____
_____

3 small victories you had today

_____
_____
_____

DAY **364** | M | T | W | T | F | S | S |

..../..../......

Today I am blessed and grateful for....

_____

_____

_____

_____

Something you did today to make yourself feel good

_____

_____

_____

DAY **365** | M | T | W | T | F | S | S |

..../..../......

Today I am blessed and grateful for....

_____

_____

_____

_____

A moment which made you laugh today

_____

_____

_____

Time to Reflect

Let's take a moment to pause and reflect back on the last 30 days or so and put pen to paper on your journey so far.

What have been your favourite moments?

_____
_____
_____

What have you learned?

_____
_____
_____

Write down 5 things to do more often.

_____
_____
_____
_____

Write down 5 things to do less often.

_____
_____
_____
_____

What are you looking forward to?

_____
_____
_____
_____

Your thoughts...

_____
_____
_____
_____
_____
_____
_____

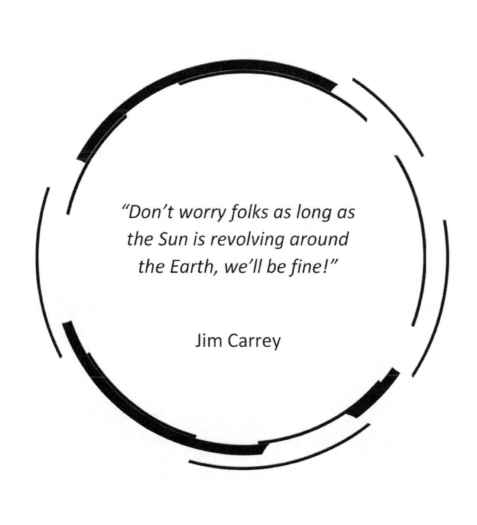

"Don't worry folks as long as the Sun is revolving around the Earth, we'll be fine!"

Jim Carrey

Printed in Great Britain
by Amazon

47636883R00130